LAMINE YAMAL

¡RÁPIDO Y CREATIVO!

¡**Hola!** Encantado de conocerte.

Esperamos que te guste nuestro libro sobre **Lamine Yamal.**

¡Soy **VARbot** y te traigo todos los datos y estadísticas!

SIMON

DAN

OBERON

Publicado en 2025 por Welbeck Children's Books.
Un sello editorial de Hachette Children's Group
parte de Hodder & Stoughton Limited.
Carmelite House, 50 Victoria Embankment, Londres EC4Y 0DZ
Hachette UK

Traducción autorizada de la edición original en lengua inglesa de la obra titulada
Football Superstars: Yamal Rules, de Simon Mugford y Dan Green.

Escritor: Simon Mugford
Diseñador e ilustrador: Dan Green
Dirección de diseño: Sam James
Composición de cubierta: Celia Antón Santos
Traductora: Rosa Plana Castillón

Estadísticas y datos actualizados a enero de 2026.

Ediciones Oberon (GRUPO ANAYA, S. A.), 2026
Valentín Beato, 21. 28037 Madrid
Depósito Legal: M. 24.722-2025
ISBN: 979-13-87775-19-3
Impreso en España

PAPEL DE FIBRA
CERTIFICADA

SUPERESTRELLAS DEL FÚTBOL

LAMINE YAMAL

¡RÁPIDO Y CREATIVO!

SIMON MUGFORD   **DAN GREEN**

CONTENIDOS

CAPÍTULO 1

¡HOLA, YAMAL!

¡LAMINE YAMAL, OLÉ OLÉ!

Lamine Yamal, el sensacional extremo español, pasó de criarse en un barrio difícil a romper un récord tras otro con el **Barcelona,** a ayudar a España a triunfar en la **Eurocopa 2024** y a convertirse en uno de los **mejores futbolistas jóvenes** del mundo... y todo eso antes de cumplir los 18 años.

REGATES

Lamine deja atrás a los defensas al correr con el balón;
cuando está en racha, los regates le salen solos.

PASES

A Lamine se le da de maravilla filtrar pases
y poner centros milimétricos.

DISPAROS

Tanto si lanza desde lejos como si
remata en el área, Lamine siempre
amenaza con marcar... ¡y a menudo
lo consigue!

MENTALIDAD

Lamine mantiene la calma, piensa
rápido y juega como una estrella...
¡incluso contra los mejores!

PERSONALIDAD

Con su simpática sonrisa y su actitud positiva,
¡da gusto ver jugar a Lamine en el campo!

LAS CIFRAS DEL ÉXITO

LA CARRERA DE **LAMINE** EN CIFRAS HASTA HOY...

131

partidos con el Barcelona

17

récords como jugador más joven

35

goles con el Barcelona

5

trofeos con el Barcelona:
**2 Ligas, 1 Copa del Rey,
2 Supercopas de España**

46

asistencias

1

victoria en la Eurocopa 2024 con España

1
premio **Golden Boy**

2
trofeos **Kopa**

1
segundo puesto en el **Balón de Oro**

2
premios al **Jugador del Mes**
en La Liga
(noviembre y diciembre 2025)

38 MILLONES
de seguidores en redes sociales

Un **ENORME** valor
de traspaso
estimado en

200 MILLONES DE €

YAMAL

NOMBRE: *Lamine Yamal Nasraoui Ebana*

FECHA DE NACIMIENTO: *13 de julio de 2007*

LUGAR DE NACIMIENTO: *Esplugues de Llobregat (España)*

ALTURA: *1,80 m*

POSICIÓN: *Extremo derecho*

CLUBES: *Barcelona*

SELECCIÓN NACIONAL: *España*

PIE DOMINANTE: *Izquierdo*

CAPÍTULO 2

UN CRACK DESDE NIÑO

Lamine Yamal nació en 2007

en **Esplugues de Llobregat**,

una ciudad a las afueras de

Barcelona (España).

La Sagrada Família, la
famosa basílica
de Barcelona

ESPLUGUES DE
LLOBREGAT

BARCELONA

FRANCIA

BILBAO

MÓNACO

MADRID

BARCELONA

PORTUGAL

ESPAÑA

LISBOA

ARGEL

El padre de Lamine, **Mounir**, es de **Marruecos**...

Y su madre, **Sheila**, es de **Guinea Ecuatorial**.

Los padres de Lamine lo llamaron así por dos amigos, **«Lamine»** y **«Yamal»**, que les ayudaron cuando eran jóvenes.

Lamine y su familia, como casi todo el mundo en **Rocafonda** (donde vivían), eran aficionados del **BARCELONA**.

Cuando Lamine nació, el Barcelona contaba entre sus filas con algunos de los **mejores jugadores** de su historia, como...

Samuel Eto'o

En 2007, los padres de Lamine participaron en un **concurso;**

el premio era fotografiar a su bebé con un jugador

del Barcelona.

La foto
aparecería
en un **calendario
benéfico.**

Mounir y Sheila no sabían

de qué **jugador**

se trataba hasta que

llegaron a la sesión

de fotos...

¡HOLA!

Cuando Lamine tenía **3 años,** sus padres se separaron. Sheila se mudó a unos kilómetros de allí, a **La Torreta,** y Mounir se quedó en **Rocafonda.**

¡PAM!

Lamine pasaba tiempo con cada uno de sus padres.

Cuando se quedaba con su padre, estaban casi siempre

jugando al **fútbol.**

¡Y Mounir se dio cuenta de que

Lamine era **MUY** buen futbolista!

«TODO EL MUNDO ME DICE SIEMPRE QUE EN PARTE ME PAREZCO A MI MADRE Y EN PARTE A MI PADRE. CREO QUE EN EL CAMPO ME PAREZCO MUCHO A MI PADRE Y FUERA DEL CAMPO ME PAREZCO MUCHO A MI MADRE».

Lamine Yamal

22

CAPÍTULO 3

DIRECTO AL BARÇA

La madre de Lamine trabajaba en un **restaurante de comida rápida** en La Torreta cuando se hizo amiga de una compañera, Sandra.

El padre de Sandra, **Inocente Díez,** entrenaba a jóvenes en el club de fútbol local, el **CF La Torreta.**

LAMINE PODRÍA JUGAR AL FÚTBOL EN MI CLUB.

En los **entrenamientos** de La Torreta,

Lamine destacó muy pronto entre los demás

niños de 5 años.

Mientras que sus compañeros corrían por el campo y

chutaban el balón (y a veces marcaban en la portería),

Lamine **regateaba,**

hacía **pases** con precisión

y lanzaba unos **tiros** perfectos.

¡Y siempre estaba **sonriendo!**

¿JUGAMOS OTRO PARTIDO?

Inocente Díez también sonreía, ¡porque había descubierto a **todo un talento!**

Después de que un ojeador del Barcelona asistiera a un partido de La Torreta, invitaron a Lamine a una prueba en la famosa academia del club, **La Masia.**

¡Le hizo **MUCHA** ilusión!

Lamine acudió a la prueba con sus padres.

Todos los **nervios** que tenía desaparecieron en cuanto salió al campo.

¡Y jugó **fenomenal!**

¡ZUM!

El jefe de la academia,

Jordi Roura,

se quedó impresionado.

¡BIENVENIDO AL BARCELONA!

29

Lamine se unió al Barcelona en **2014,** cuando solo tenía 7 años.

En las categorías **sub–8** y **sub–9,** sorprendió

a los entrenadores por su habilidad con el balón.

Al poco tiempo, Lamine ya jugaba con chicos **uno o dos años mayores** que él. ¡Y aun así era el mejor jugador!

Ahora el fútbol era **su vida.**

¡Lamine no podía estar más feliz!

Y aunque Lamine se estaba convirtiendo en toda una **estrella**

en el Barcelona, seguía gustándole jugar al fútbol con sus amigos

en **Rocafonda.**

Vivir en Rocafonda podía ser **duro**...

y el fútbol que allí se jugaba también lo era.

¡BAM!

El **fútbol callejero** que jugaban en las canchas de cemento era **rápido y endiablado.** Era allí donde Lamine podía **demostrar** su velocidad y sus trucos más ingeniosos.

¡MOLA!

Cuando marcaba en las canchas de **Rocafonda,** Lamine lo celebraba dibujando con sus dedos el número **304.**

CAPÍTULO 4

DESTACANDO EN LA MASIA

Durante **cinco años,** Lamine viajó entre las casas de sus padres, el colegio, los entrenamientos y los partidos. ¡Se pasó **horas** en **autobuses** o en el coche de su madre!

¡BRUM!

¡PIIIIIIIII!

Lamine tenía un **talento especial** y Barcelona quería ponerles las cosas más fáciles a él y a su familia. Así pues, cuando cumplió los **12 años,** el club lo invitó a irse a vivir a la academia de La Masia con otros jóvenes jugadores.

Dejar de vivir en casa era un **paso muy importante,** pero Lamine estaba decidido a hacerlo por su carrera futbolística.

El club le dio un abono de transportes para que pudiera visitar a su familia y amigos.

En La Masia se han formado algunos de los mejores jugadores del Barcelona, entre ellos...

Andrés Iniesta . . .

Xavi . . .

Pep Guardiola . . .

... y el más famoso,

¡Lionel Messi!

Todos ellos vivieron en **La Masia** original,
una casa de campo, pero cuando Lamine
llegó en 2019 la academia se
había trasladado a un nuevo
y flamante complejo.

Casa de campo

VIVIR EN LA MASIA

¡VISCA BARÇA!

6.45 h	¡Arriba!
7.15 h	Desayuno saludable
8.00 h	Colegio
14.00 h	ÑAM Hora de comer
15.00 h	Tiempo libre o charlas de jugadores veteranos o entrenadores

Un día normal de Lamine en La Masia era más o menos así:

15.30 h	Vuelta a clase
17.00 h	Entrenamiento (un máximo de 90 minutos)
20.00 h	Tiempo libre (normalmente, para jugar a videojuegos)
21.00 h	Cena
21.30 h	Tiempo libre
22.30 h	¡Hora de dormir!

Hasta su llegada a La Masia, Lamine solo había disputado partidos de **fútbol 7** con el Barcelona.

Ahora le tocaba dar el salto al **fútbol 11.**

¡Sin problema! Al combinar la **picardía** aprendida en las calles de **Rocafonda** con la **formación de élite** de La Masia, Lamine jugaba mejor que nunca.

¡Ahora todos hablaban de él como el próximo Lionel Messi!

¡UALA!

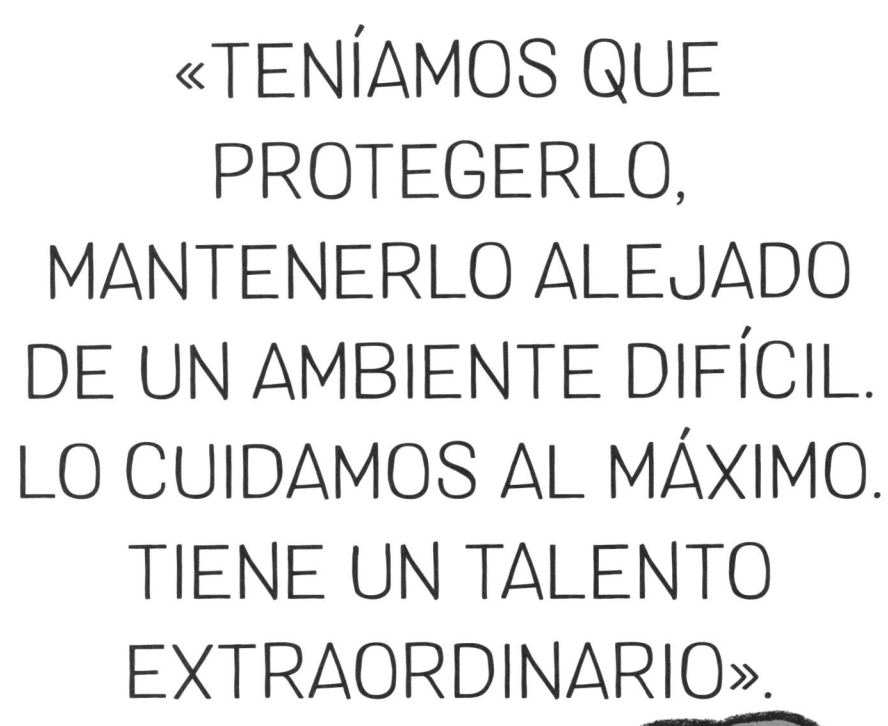

«TENÍAMOS QUE PROTEGERLO, MANTENERLO ALEJADO DE UN AMBIENTE DIFÍCIL. LO CUIDAMOS AL MÁXIMO. TIENE UN TALENTO EXTRAORDINARIO».

Jordi Roura

44

CAPÍTULO 5

PRIMER EQUIPO, PRIMEROS LOGROS

El ascenso de Lamine por las distintas categorías fue **FULGURANTE**.

Al inicio de la temporada 2022-2023, con **15 años** recién cumplidos,

ya jugaba en el **Juvenil A,** el equipo sub-19.

Y solo unas semanas después, ¡fue invitado

a entrenar con el **primer equipo!**

Xavi era el entrenador y **Sergio Busquets,** el capitán, dos leyendas

del Barcelona a quienes Lamine había visto jugar desde niño.

Xavi

Sergio Busquets

¡GUAU!

Lamine no quería ponerse **nervioso** con el primer equipo. Al fin y al cabo, era su gran oportunidad de demostrar de lo que era capaz.

Se **entrenó a fondo...**

¡UFF!

... y jugó sin miedo en los **partidillos**.

¡BAM!

Compartiendo balón con **Gavi** y **Pedri** —canteranos de La Masia solo unos años mayores que él—, Lamine se preguntaba cuánto cerca estaba de debutar con el **primer equipo**.

Gavi

Pedri

Los **aficionados del Barcelona** aún debían esperar para ver a la joven estrella. El entrenador, Xavi, primero quería estar seguro de que Lamine estaba preparado.

TEN PACIENCIA, LAMINE, LLEGARÁ TU MOMENTO.

Lamine jugó con el equipo sub-19 y siguió entrenando con el primer equipo durante el resto de **2022.**

Pero, en abril de 2023, Lamine fue incluido en la convocatoria para un partido en casa contra el **Atlético de Madrid.**

Aunque no llegó a jugar en el partido, ¿estaba su debut cada vez más cerca?

DEBUT DE RÉCORD

29 DE ABRIL DE 2023

LA LIGA

BARCELONA 4-0 REAL BETIS

Con el Barcelona ganando **4–0,** en el **minuto 83**

Xavi hizo una señal a Lamine en el banquillo.

VAS A ENTRAR.

Más de **88 000 aficionados** animaron a Lamine desde las gradas del famoso **Camp Nou,** y estallaron en un enorme **¡AAAAH!** cuando estuvo a punto de marcar.

Solo jugó siete minutos, pero **GUAU,** ¡menudo momentazo para el chaval de Rocafonda!

Con **15 años, 9 meses y 16 días,** Lamine se convirtió en el jugador más joven del Barcelona en más de 100 años.

«ESTOY ORGULLOSO DE HABERLE DADO EL DEBUT EN EL FÚTBOL. ES UN GENIO Y SE CONVERTIRÁ EN EL MEJOR JUGADOR DEL MUNDO».

Xavi, primer entrenador de Lamine en el Barcelona

CAPÍTULO 6

ESTRELLA DE LA ROJA

Lamine podía escoger. **¿Para qué país jugaría?**

Podría ser

Marruecos...

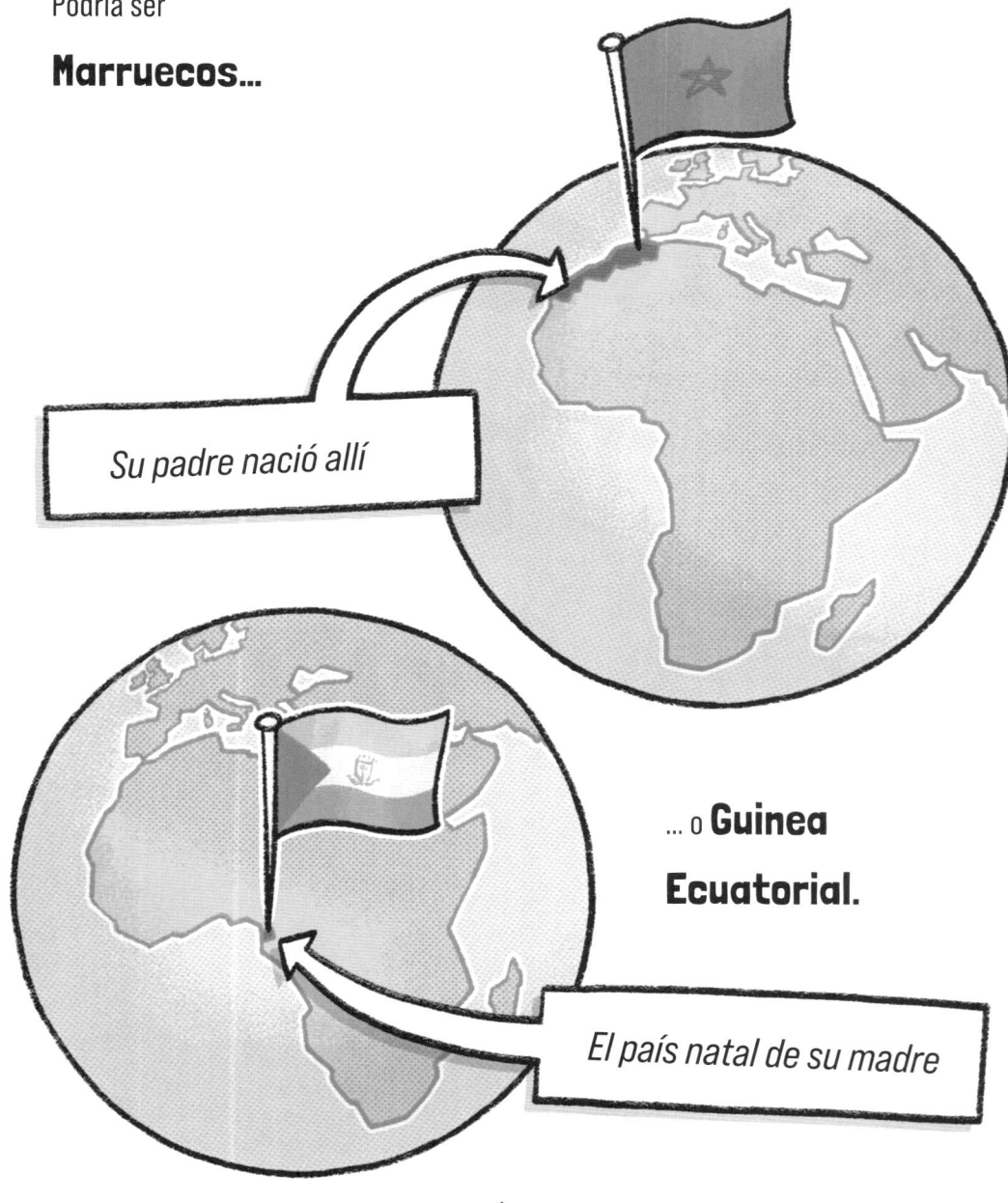

Su padre nació allí

... o **Guinea Ecuatorial.**

El país natal de su madre

¿Y jugar para **España,** su país de nacimiento y el que había ganado el **Mundial** (2010) y dos veces la **Eurocopa** (2008, 2012) cuando él era pequeño?

Fue fácil decidir: escogió **LA ROJA.**

Como homenaje a su familia, Lamine lleva las banderas de **los tres países** en las **botas.**

Igual que en el Barcelona, Lamine subió de categoría: solo tenía **14 años** cuando hizo su debut con la selección española **sub–16** en **septiembre de 2021.**

En su segundo partido con la **sub-16,** Lamine marcó contra **Rusia** y ganaron por 3-0.

¡Y, **después** de jugar con la sub-16, salió al campo con la sub-15!

Lamine anotó de nuevo con la **sub–15,**

con tantos contra **Rusia** y **Suiza.**

¡BUMMM!

A finales de 2022, todavía con 15 años,

¡Lamine ya estaba jugando para la **sub–17** y la **sub–19!**

LA ESTRELLA DEL TORNEO

Al año siguiente, Lamine acudió a **Hungría** para disputar

el **Europeo 2023 de la categoría sub-17**.

En el equipo también estaban algunos

de sus compañeros del Barcelona...

Pau Cubarsi...

... y **Marc Guiu.**

Lamine firmó unas actuaciones **IMPRESIONANTES** —marcó **cuatro goles** y realizó dos asistencias—, pero España perdió contra Francia en las semifinales.

¿Acababa de encontrar España a su próxima superestrella?

SELECCIONES JUVENILES: *HISTORIAL*

NIVEL	PARTIDOS	GOLES	ASISTENCIAS
SUB-15	6	3	2
SUB-16	4	1	0
SUB-17	10	8	3
SUB-19	1	0	0

CAPÍTULO 7

ROMPIENDO RÉCORDS

El **breve debut** de Lamine con el Barcelona en 2022-2023 le bastó para conseguir una medalla de campeón en **La Liga.**

A medida que se acercaba la temporada 2023-2024, entrenó duro y se centró en mejorar su juego. Aquel **chaval de 16 años** había probado el éxito... ¡y quería más!

Cuando **Ousmane Dembélé** se fue para fichar por el **Paris Saint-Germain,** surgió una oportunidad de jugar de extremo derecho, la posición favorita de Lamine.

EL GRAN DEBUT

20 DE AGOSTO DE 2023

BARCELONA 2-0 CÁDIZ

Lamine fue titular por primera vez en

el **Estadio Olímpico de Barcelona.**

El Barça jugó aquí mientras el **Camp Nou** estuvo en obras.

Lamine hizo un juego **BRILLANTE:** pases, regates y carreras increíbles.

Incluso obligó al portero del Cádiz a hacer un **paradón.**

Los aficionados se pusieron en pie

y **aplaudieron** cuando fue

sustituido más tarde.

¡PLAS, PLAS, PLAS!

Con **16 años y 38 días,** Lamine se convirtió en el titular más joven de la historia del club.

MOMENTAZOS DE *LA LIGA*

ALGUNOS DE LOS MEJORES MOMENTOS DE LAMINE EN LA LIGA...

27 DE AGOSTO DE 2023

VILLAREAL 3-4 BARCELONA

En solo su segunda titularidad, Lamine destacó como **el mejor del partido** y asistió para que Gavi abriera el marcador.

8 DE OCTUBRE DE 2023

GRANADA 2-2 BARCELONA

*El Barça perdía por 2-0, pero Lamine marcó su **primer gol con el Barcelona** e inició la remontada.*

Con **16 años** y **87 días**, Lamine fue el futbolista más joven en marcar en la historia de La Liga.

11 DE FEBRERO DE 2024

BARCELONA 3-3 GRANADA

*En otra actuación **sobresaliente**, Lamine marcó su primer **doblete** ¡y se convirtió en el jugador más precoz de La Liga en marcar **DOS VECES** en un partido!*

CIFRAS SENSACIONALES

4 DE OCTUBRE DE 2023

CHAMPIONS LEAGUE, FASE DE GRUPOS

Oporto 0-1 Barcelona

*Lamine tenía **16 años y 83 días** cuando jugó en la Champions League, el titular más joven en la historia del torneo.*

11 DE ENERO DE 2024

SEMIFINAL DE LA SUPERCOPA

BARCELONA 2-0 OSASUNA

*Un **gol de última hora** del adolescente lo convirtió en el goleador más joven de la historia de la Supercopa.*

¡BUM!

¡Tenía **16 años y 182 días!**

24 DE ENERO DE 2024

CUARTOS DE FINAL DE LA COPA DEL REY

ATHLETIC BILBAO 4-2 BARCELONA

*Lamine marcó un gol brillante desde fuera del área para poner al Barça en cabeza 2-1. El Bilbao acabaría ganando, pero Lamine consiguió otro récord: con 16 años y 195 días, ¡fue **el goleador más joven de la Copa del Rey!***

EL MÁS JOVEN...

Fue una sorprendente **primera campaña** para el joven fenómeno. Junto con los récords de goles, Lamine fue **el jugador más joven en...**

JUGAR **DIEZ** PARTIDOS DE LA **CHAMPIONS LEAGUE**...

DISPUTAR UNA **FASE ELIMINATORIA** DE LA **CHAMPIONS**...

DAR UNA **ASISTENCIA** EN LA **CHAMPIONS LEAGUE**...

JUGAR **50 PARTIDOS** CON EL BARCELONA...

¡JUGAR EN **EL CLÁSICO**!

En **2023,** Lamine fue **nominado** a un premio **Golden Boy** al **mejor futbolista menor de 21 años de Europa**.

Perdió frente a **Jude Bellingham,** pero recibió un galardón especial por ser el jugador más joven de la historia en recibir una nominación al **Golden Boy**.

¡Lamine no pudo acudir a la ceremonia porque estaba en clase!

RÉCORD DE LAMINE CON EL BARCELONA EN 2023-2024

PARTIDOS	GOLES	ASISTENCIAS
50	7	9

JUGADOR SUB-23 DE LA TEMPORADA DE LA LIGA

JUGADOR SUB-23 DEL MES DE LA LIGA

AGOSTO DE 2023

GOL DEL MES DE LA LIGA

MARZO DE 2024

CAPÍTULO 8

SUPERESTRELLA EUROPEA

Las brillantes actuaciones de Lamine con el Barcelona le valieron

una **convocatoria para la selección absoluta**

en septiembre de 2023. Fue todo un honor, ¡sus padres no podían

estar más orgullosos!

Debutó frente a **Georgia** en un **partido clasificatorio para la Eurocopa 2024,** marcando un gol en la victoria por 7-1.

Con **16 años y 57 días,** era...

... **el jugador más joven de La Roja...**

... **el goleador más joven de La Roja...**

... ¡y el jugador más joven de la historia en **marcar en un partido clasificatorio de la Eurocopa!**

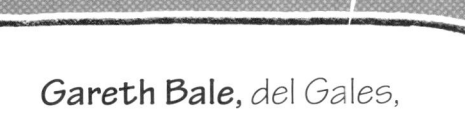

¡BAM!

Gareth Bale, del Gales, ostentaba el récord anterior.

SUEÑOS EUROPEOS

España ha ganado el Campeonato Europeo en **TRES** ocasiones antes de la **Eurocopa 2024...**

1964

(el primer trofeo de España)...

2008, cuando Xavi

era el jugador estrella...

y en **2012**,

¡cuando ya eran también **Campeones del Mundo!** (2010)

Lamine fue convocado para la **Eurocopa 2024,** que tendría lugar en **Alemania.**

¡Los españoles eran los favoritos para ganar!

ESTRELLAS DE LA ROJA

La selección española para la **Eurocopa 2024** estaba repleta

de talentos, entre los que se encontraban...

Nico Williams

(veloz extremo)...

Rodri

(sólido defensa)...

Alvaro Morata

(fiable capitán)...

Pedri

(hábil centrocampista y

compañero de Lamine

en el Barça)...

y **Marc Cucurella**

(el lateral izquierdo

del pelo rebelde)

REY DE LAS ASISTENCIAS

Lamine demostró ser un **jugador clave** para España al ofrecer importantes asistencias... **y rompiendo más récords** por el camino.

CROACIA
(ESPAÑA GANÓ 3-0)

En el primer partido de la fase de grupos, Lamine se convirtió en el **jugador más joven de la historia de la Eurocopa** y asistió a **Dani Carvajal,** que marcó.

GEORGIA

(ESPAÑA GANÓ 4-1)

El jugador más joven de la fase

eliminatoria de la Eurocopa

logró otra asistencia en estos

octavos de final.

ALEMANIA

(ESPAÑA GANÓ 2-1 TRAS LA PRÓRROGA)

La asistencia de Lamine para el primer gol de **Dani Olmo**

ayudó a España a llegar a la semifinal. **¡BUUM!**

GOLAZO EN LA EUROCOPA

9 DE JULIO DE 2024

SEMIFINALES DE LA EUROCOPA 2024

ALLIANZ ARENA, MÚNICH

ESPAÑA 2-1 FRANCIA

España se rezagó tras solo ocho minutos de juego...

Pero luego, en el minuto 21, **Álvaro Morata** le pasó el balón a Lamine justo fuera del área. Tras una finta, Lamine disparó un **magnífico tiro con efecto** que besó la red.

¡PAM!

¡GOOOOOL!

¡Hasta **Kylian Mbappé** se quedó impresionado!

¡Lamine ya era el goleador de la Eurocopa **más joven** de la historia!

Su magnífico tanto fue votado *Gol del Torneo.*

CAMPEÓN EUROPEO

14 DE JULIO DE 2024

FINAL DE LA EUROCOPA 2024

ESTADIO OLÍMPICO, BERLÍN

ESPAÑA 2-1 INGLATERRA

Llegó el **GRAN PARTIDO.** Lamine iba a disputar la **FINAL DE LA EUROCOPA.**

*¡Fue el día después de que **cumpliera 17 años!***

Al inicio de la segunda parte, Lamine volvió a ser el **rey de las asistencias,** ayudando a Nico Williams a marcar el primer tanto.

¡BLAM!

Cole Palmer marcó el gol del empate, pero un tanto de última hora de **Mikel Oyarzabal** dio la victoria a España, que se coronaba como **campeona de Europa** por cuarta vez.

¡La superestrella adolescente de La Roja lo celebró a lo grande con sus compañeros de equipo!

Lamine fue elegido **Mejor Jugador Joven del Torneo.**

Lamine **comparte récord de asistencias** (cuatro) en la Eurocopa.

CAPÍTULO 9

HERMANOS DE EQUIPO

LOS CHICOS DEL MILLÓN

Los **gigantes** del fútbol europeo hacen gala de una plantilla llena de **increíbles talentos,** muchos de ellos formados en casa y valorados en unos...

¡1200 millones de euros!

ESTAS SON ALGUNAS DE LAS ESTRELLAS QUE COMPARTEN EQUIPO CON LAMINE...

ROBERT LEWANDOWSKI

POSICIÓN: **DELANTERO CENTRO**

DEBUT EN EL BARÇA: **2022**

PARTIDOS: **160**

GOLES: **109**

Este veterano **delantero polaco** trajo consigo sus cifras de récord de goles del Bayern de Múnich. ¡Un talismán para el Barcelona!

RAPHINHA

POSICIÓN: **EXTREMO**

DEBUT EN EL BARÇA: **2022**

PARTIDOS: **151**

GOLES: **57**

Este **brasileño de talento** suele jugar en la banda opuesta a Lamine y aporta una buena ofensa —y goles— a la línea de ataque del Barça.

PEDRI

POSICIÓN: **MEDIOCENTRO**

DEBUT EN EL BARÇA: **2020**

PARTIDOS: **215**

GOLES: **28**

Otro **pupilo de La Masia** que impresionó a una temprana edad, Pedri es el motor creativo en el mediocampo del Barça.

PAU CUBARSI

POSICIÓN: **DEFENSA CENTRAL**

DEBUT EN EL BARÇA: **2024**

PARTIDOS: **93**

GOLES: **1**

El **OTRO** niño prodigio del Barcelona vino de La Masia con Lamine. Mantiene la calma bajo presión y se ha erigido en un defensa fuerte e inteligente.

JULES KOUNDÉ

POSICIÓN: **LATERAL DERECHO**

DEBUT EN EL BARÇA: **2022**

PARTIDOS: **157**

GOLES: **8**

Veloz **defensa francés,** todo un bastión en la defensa del
Barça. Su rapidez y sus inteligentes entradas ayudan
al equipo a mantener su solidez e iniciar ataques.

DANI OLMO

POSICIÓN: **MEDIOCENTRO/EXTREMO**

DEBUT EN EL BARÇA: **2024**

PARTIDOS: **53**

GOLES: **13**

Atacante inteligente y habilidoso, Olmo llegó desde el **RB Leipzig**
y ahora marca goles para el Barça con su gran manejo del balón
y su visión de juego.

GAVI

POSICIÓN: *MEDIOCENTRO*

DEBUT EN EL BARÇA: *2021*

PARTIDOS: *155*

GOLES: *10*

Gavi también pasó por La Masia, unos años antes que Lamine. Para su juventud, tiene mucha garra, pasión y **liderazgo.**

ALEJANDRO BALDE

POSICIÓN: *LATERAL IZQUIERDO*

DEBUT EN EL BARÇA: *2021*

PARTIDOS: *138*

GOLES: *3*

Este rapidísimo jugador de La Masia se ha convertido en uno de los mejores laterales izquierdos de Europa. Sus veloces incursiones por la banda ayudan al Barça a atacar con **potencia** y estilo.

FERMÍN LÓPEZ

POSICIÓN: **MEDIOCENTRO**

DEBUT EN EL BARÇA: **2023**

PARTIDOS: **100**

GOLES: **26**

Otro **talento formado en casa,** López aporta energía, movimientos inteligentes y una excelente definición que se traducen en goles desde el centro del campo.

FRENKIE DE JONG

POSICIÓN: **MEDIOCENTRO**

DEBUT EN EL BARÇA: **2019**

PARTIDOS: **273**

GOLES: **19**

Proveniente del Ajax, este **maestro del mediocampo** holandés es el creador del juego del Barça, enlazando de manera brillante defensa y ataque y controlando los ritmos.

FERRÁN TORRES

POSICIÓN: **DELANTERO**

DEBUT EN EL BARÇA: **2022**

PARTIDOS: **173**

GOLES: **53**

Llegó procedente del **Manchester City** para darle al Barcelona más poder ofensivo. Veloz y hábil, es muy bueno bloqueando defensas y marcando goles.

JOAN GARCÍA

POSICIÓN: **PORTERO**

DEBUT EN EL BARÇA: **2025**

PARTIDOS: **8**

GOLES: **0**

El alto e imponente arquero llegó fichado del equipo rival local, el **Espanyol,** tras una temporada excelente. Se considera el futuro del Barça bajo los palos.

CAPÍTULO 10

TRIPLETE NACIONAL

NUEVA TEMPORADA, NUEVO JEFE

Para el Barcelona, el inicio de la **temporada 2024–2025** estuvo marcada por los cambios. Xavi dejó el club y fue sustituido por **Hansi Flick.**

¡HOLA!

Hansi Flick logró que el **Bayern de Múnich** consiguiera un impresionante **TRIPLETE** en 2019-2020: ganaron la Bundesliga, la Champions League y la Copa de Alemania.

¡Lamine tenía un nuevo jefe al que

impresionar!

DUELO: EL CLÁSICO

El Barça de Hansi Flick derrotó a su gran rival, el **Real Madrid,** CUATRO veces en 2024-2025. Y Lamine fue protagonista de cada **Clásico...**

26 DE OCTUBRE DE 2024

Tenía 17 años y 105 días.

LA LIGA

REAL MADRID 0-4 BARCELONA

*El Barça impresionó en el Bernabéu con su dominio. Lamine marcó el tercer gol y se convirtió en el **jugador más joven en marcar un gol en un Clásico.***

12 DE ENERO DE 2025

FINAL DE LA SUPERCOPA

REAL MADRID 2-5 BARCELONA

*Lamine marcó el primero de **cinco goles** que ayudaron al Barcelona a ganar el primer trofeo de la temporada.*

26 DE ABRIL DE 2025

Fue la victoria número 32 del Barça en la Copa del Rey.

FINAL DE LA COPA DEL REY

BARCELONA 3-2 *(PRÓRROGA)* **REAL MADRID**

*En este intenso partido, Lamine dio **asistencias** para el primer gol del Barcelona y el del empate. La cosa se calentó al final ¡y a **TRES** jugadores del Madrid les sacaron **tarjeta roja!***

11 DE MAYO DE 2025

LA LIGA

BARCELONA 4-3 REAL MADRID

*Kylian Mbappé puso a Los Blancos en cabeza con un 2-0 en 15 minutos, pero el Barça igualó gracias al gol de Lamine y acabó ganando. ¡Un Clásico **histórico!***

ESTRELLA EN EUROPA

19 DE SEPTIEMBRE DE 2024

CHAMPIONS LEAGUE, FASE DE GRUPOS

MÓNACO 2-1 BARCELONA

Lamine marcó su primer **gol en la Champions League,** logrando el empate en el primer partido de la competición.

30 DE ABRIL DE 2025

SEMIFINALES DE LA CHAMPIONS

LEAGUE, PARTIDO DE IDA

BARCELONA 3-3 INTER MILÁN

Este fue el partido **número 100** de Lamine con el Barcelona.

En este **trepidante partido de la Champions,** los italianos se adelantaron 2-0 antes de que Lamine marcara para inspirar la remontada.

Lamine consiguió marcar CINCO goles y colocar CUATRO asistencias en la Champions League de 2024-2025.

El Barça ganó **La Liga,** terminando la temporada 2024-2025 con cuatro puntos de ventaja sobre sus rivales, el Real Madrid.

PUESTO	EQUIPO	PARTIDOS	PUNTOS
1	*Barcelona*	38	88
2	*Real Madrid*	38	84
3	*Atlético de Madrid*	38	76

Junto con la **Supercopa** y la **Copa del Rey,**
¡el Barça se llevó el **TRIPLETE NACIONAL!**

¡Lamine también ganó sus propios trofeos!

GOLDEN BOY 2024:
MEJOR JUGADOR MENOR
DE 21 AÑOS DE EUROPA

TROFEO KOPA 2024:
MEJOR JUGADOR MENOR
DE 21 AÑOS DEL MUNDO

2024-2025: HITOS DE LAMINE EN EL *BARCELONA*

PARTIDOS	GOLES	ASISTENCIAS
55	18	25

«LAMINE ES UN AUTÉNTICO GENIO».

Hansi Flick

CAPÍTULO 11

YAMAL, CAMPEÓN

Antes de cumplir 18 años, Lamine ya había

disputado **100 partidos** con el Barcelona,

con un impresionante historial de logros.

¿CÓMO ES EN COMPARACIÓN CON OTRAS SUPERESTRELLAS DEL FÚTBOL?

YAMAL VS. LIONEL MESSI

YAMAL		LIONEL MESSI
17 años, 292 días	**EDAD CON 100 PARTIDOS EN CLUB**	20 años, 248 días
22	**GOLES**	41
27	**ASISTENCIAS**	20
3	**TROFEOS CON EL CLUB**	5

Messi es el jugador más grande del Barcelona, el **mayor goleador** (672) y tiene el **récord de Balones de Oro ganados** (ocho).

YAMAL VS. CRISTIANO RONALDO

17 años, 292 días	EDAD CON **100** PARTIDOS EN CLUB	19 años, 348 días
22	GOLES	**13**
27	ASISTENCIAS	**19**
3	TROFEOS CON EL CLUB	**2**

Cristiano ha ganado **cinco veces** el Balón de Oro, tiene el récord de goles en la Champions League (140) y es el **mayor goleador de todos los tiempos** (en todas las competiciones, más de 900).

YAMAL VS. KYLIAN MBAPPÉ

YAMAL		KYLIAN MBAPPÉ
17 años, 292 días	**EDAD CON 100 PARTIDOS EN CLUB**	19 años, 123 días
22	**GOLES**	48
27	**ASISTENCIAS**	33
3	**TROFEOS CON EL CLUB**	3

Mbappé marcó en la **final del Mundial 2018** con 19 años y logró un triplete en la **final del Mundial 2022**.

YAMAL VS. HARRY KANE

17 años, 292 días ← EDAD CON **100** PARTIDOS EN CLUB → **21 años, 90 días**

22 ← GOLES → **26**

27 ← ASISTENCIAS → **8**

3 ← TROFEOS CON EL CLUB → **0**

Kane es el máximo **goleador** de Inglaterra (76) y el jugador que menos partidos necesitó para marcar 100 goles en un club europeo de élite (104 encuentros, Bayern de Múnich).

YAMAL VS. ERLING HAALAND

17 años, 292 días	**EDAD CON 100 PARTIDOS EN CLUB**	19 años, 212 días
22	**GOLES**	70
27	**ASISTENCIAS**	18
3	**TROFEOS CON EL CLUB**	2

Haaland es una máquina de marcar goles; es el *jugador que más rápido ha marcado 50 goles* en la Champions League (en 49 partidos).

EL NÚMERO 10

Al inicio de la **temporada 2025–2026**,

a Lamine le dieron la camiseta número 10.

Ahora su camiseta es la misma que llevaron algunos

de los mejores jugadores de la historia del Barcelona...

Y retomó las cosas donde las había dejado, marcando **DOS VECES** y otorgando **cuatro asistencias** en sus cuatro primeros partidos de la temporada.

REY DE LA KOPA

El talento de Lamine fue reconocido en septiembre de 2025 cuando recibió

el **trofeo Kopa** por segundo año consecutivo. Es el primer jugador

de la historia que lo ha ganado dos veces.

También fue nominado al **Balón de Oro 2025** —el jugador más joven de la historia en la lista de finalistas— y quedó en segundo lugar, por detrás de su antiguo compañero de equipo **Ousmane Dembélé.**

PALMARÉS Y PREMIOS

ESTOS SON ALGUNOS DE LOS **GRANDES LOGROS** DE LAMINE HASTA AHORA...

LA LIGA

2022-2023
2024-2025

COPA DEL REY

2024-2025

SUPERCOPA DE ESPAÑA

2025
2026

CAMPEONATO EUROPEO

2024

CAMPEONATO EUROPEO

MEJOR JUGADOR JOVEN
DEL TORNEO 2024

**CAMPEONATO
EUROPEO**

Gol del Torneo

GOLDEN BOY

2024

TROFEO KOPA

2024
2025

**JUGADOR SUB-23 DE LA
TEMPORADA DE LA LIGA**

2023-2024
2024-2025

La carrera de Lamine Yamal hasta ahora ha sido absolutamente sensacional. Con su ritmo eléctrico, sus intrépidos regates, una definición letal y su **aura digna de superestrella,** ¡es el **niño prodigio por excelencia!**

YAMAL ¡ES INCREÍBLE!

¡PONTE A PRUEBA!

1. ¿Cómo se llamaba el primer club de Lamine?

----

2. ¿Cómo se llama el barrio donde creció Lamine?

----

3. ¿Cuál era el nombre de la famosa academia del Barcelona?

----

4. ¿A qué equipo se enfrentó Lamine en su debut con el Barça?

----

5. ¿Quién fue el primer entrenador de Lamine en el Barcelona?

----

6. ¿Cuántos goles marcó Lamine para el Barcelona en 2023-2024?

----

7. ¿Cuántas asistencias realizó Lamine en la Eurocopa 2024?

----

8. ¿Cuántos años tenía Lamine cuando España ganó la Eurocopa 2024?

----

9. ¿Contra qué equipo jugó Lamine en su partido número 100 con el Barcelona?

----

10. ¿Cuántas veces ha ganado Lamine el trofeo Kopa?

Las respuestas están en la página siguiente,
¡pero no hagas trampa!

RESPUESTAS

1. CF La Torreta
2. Rocafonda
3. La Masia
4. Real Betis
5. Xavi

6. Siete
7. Cuatro
8. 17
9. Inter de Milán
10. Dos

LAMINE YAMAL:
PALABRAS CLAVE

Balón de Oro
Galardón anual al mejor jugador del mundo.

Golden Boy
Premio anual al mejor jugador de Europa menor de 21 años.

Champions League
Competición europea de clubes que se celebra cada año. El ganador es el mejor equipo de Europa.

Trofeo Kopa
Premio anual al mejor jugador del mundo menor de 21 años.

La Liga
La principal liga de fútbol española.

Supercopa de España
Torneo que enfrenta a los campeones y subcampeones de La Liga y la Copa del Rey.

Copa del Rey
El torneo de copa más importante de España.

¿HAS LEÍDO ALGUNO DE NUESTROS LIBROS DE FÚTBOL Y SUS ESTRELLAS?

OTROS LIBROS DE OBERON

¡SI TE HA GUSTADO ESTE LIBRO, PUBLICA UNA RESEÑA SOBRE ÉL EN LA PÁGINA WEB DE TU LIBRERÍA!

¡COLECCIÓNALOS TODOS!

www.oberonlibros.com

Sobre los autores

El primer trabajo de **Simon** fue en el Museo de la Ciencia haciendo aviones de papel y pompas lo bastante grandes como para que cupiera un adulto. Desde entonces, escribe todo tipo de libros sobre los temas que le gustan: dinosaurios, cohetes, llamas, música estridente y, por supuesto, fútbol. Simon es fan del Ipswich Town desde que ganó la FA Cup en 1978 (es verdad, compruébalo) y una vez se sentó al lado de Rio Ferdinand en un tren. Vive en Kent (Inglaterra) con su mujer, su hija, un perro y un gato.

Dan lleva dibujando monigotes desde que aprendió a sostener un lápiz. Luego, de mayor, empezó a hacer libros sobre camiones, el espacio, los oficios de la gente, Doctor Who y La guerra de las galaxias. Sí recuerda que el Ipswich Town ganó la FA Cup, pero no vio el partido porque estaba demasiado ocupado fabricando un barco vikingo de cartón. Por eso sabe más de vikingos que de fútbol. Vive en Suffolk (Inglaterra) con su mujer, su hijo, su hija y su perro que, digamos, es quien saca a Dan a dar largos paseos.